FELIZ
ANIVERSARIO

Espacio para Mensaje Personalizado

Feliz Aniversario: Un Poema de Afecto

COLECCIÓN DE POESÍA I

Escrito por Macarena Luz Bianchi

Diseñado por Zonia Iqbal

Para recibir un libro electrónico gratis, contenido exclusivo, más maravillas, bienestar y sabiduría, suscríbete al boletín *Lighthearted Living* en MacarenaLuzB.com y mira sus otros poemas, libros y proyectos.

ISBN: Tapa Dura: 978-1-954489-47-9 | Tapa Blanda: 978-1-954489-46-2

Imprint

Spark Social, Inc. es una imprenta en Miami, FL, USA, SparkSocialPress.com

Información sobre pedidos: Hay licencias disponibles, libros personalizados y descuentos especiales en las compras de cantidades. Para más detalles, póngase en contacto con la editorial info@sparksocialpress.com.

FELIZ ANIVERSARIO

Un Poema de Afecto

COLECCIÓN DE POESÍA I

Macarena Luz Bianchi

Imprint
Spark Social Press

FELIZ ANIVERSARIO

¡Feliz Aniversario mi amor!

Siempre cuidamos nuestro cariño.

Orgullosos de lo que somos:

Espontáneos, apasionados y conscientes.

¡Te amo profundamente cada día, y
especialmente hoy, en nuestro día especial!

Otro fantástico año juntos.

Hoy podemos volver a celebrarlo.

Nunca dejo de amarte a ti
y a la vida que creamos juntos.

Adoro y aprecio cada
momento de cada día.

Mis días son más especiales
gracias al amor que nos tenemos.

Cada nuevo día es divertido
cuando estoy contigo.

¿Recuerdas cómo nos conocimos?
¿Nuestro primer beso?
¿Nuestra historia de amor?

Nuestro amor me emociona.
Eres mi alma gemela
y tus besos son mi felicidad.

Otro año juntos para
florecer y prosperar.

Románticos y resistentes,
superamos cualquier tormenta
y disfrutamos del tiempo.

¡Feliz Aniversario mi amor!

(versión original)

H.A.P.P.Y. A.N.N.I.V.E.R.S.A.R.Y.

A POEM OF AFFECTION

Happy Anniversary my lover, my life, my love!

Always cherish our affection.

Proud of who we are:

Playful, passionate, and present.

You are profoundly loved every day, and especially on our special day!

Another fantastic year together.

Now we get to celebrate.

Never stop loving you and the life we make.

I adore and appreciate every moment of every day.

Vibrant are my days, thanks to the love we create.

Every day is fun and new when I spend it with you.

Remember how we met? Our first kiss? Our love story?

Soulmate, your kiss is bliss, and our precious bond thrills me.

Another year together for us to thrive and flourish.

Romantic and resilient, we make it through any storm and enjoy the weather.

You are mine, and I am yours... Happy Anniversary my lover, my life, my love!

FELIZ ANIVERSARIO

UN POEMA DE AFECTO

¡Feliz Aniversario mi amor!

Siempre cuidamos nuestro cariño.

Orgullosos de lo que somos: espontáneos, apasionados y conscientes.

¡Te amo profundamente cada día, y especialmente hoy, en nuestro día especial!

Otro fantástico año juntos. Hoy podemos volver a celebrarlo.

Nunca dejo de amarte a ti y la vida que creamos juntos.

Adoro y aprecio cada momento de cada día.

Mis días son más especiales gracias al amor que nos tenemos.

Cada nuevo día es divertido cuando estoy contigo.

¿Recuerdas cómo nos conocimos?¿Nuestro primer beso? ¿Nuestra historia de amor?

Nuestro amor me emociona. Eres mi alma gemela y tus besos son mi felicidad.

Otro año juntos para florecer y prosperar.

Románticos y resistentes, superamos cualquier tormenta y disfrutamos del tiempo.

¡Feliz Aniversario mi amor!

❧⚬⚭⚬❧

¡Gracias!

Inspírate & Mantente Conectado

Para recibir un libro electrónico gratis, contenido exclusivo, más maravillas, bienestar y sabiduría, suscríbete al boletín *Lighthearted Living* en MacarenaLuzB.com y mira sus otros poemas, libros y proyectos. ✨

Agradezco tus Comentarios

Si te gusta este libro, revísalo para ayudar a otros a descubrirlo. Si tienes algún otro comentario, déjanos saber en info@macarenaluzb.com o en la página de contacto en MacarenaLuzB.com. Nos encantaría saber de ti y saber qué temas deseas en los próximos libros. 🧚

Sobre la Autora

Macarena Luz Bianchi tiene un enfoque alegre y empoderador y sus lectores la consideran cariñosamente como Hada Madrina. Más allá de su colección de libros de regalo y poemas, también escribe guiones, ficción y no ficción para adultos y niños. Le encanta el té, las flores y los viajes.

Suscríbete a su boletín *Lighthearted Living* para obtener un libro electrónico gratuito y contenido exclusivo en MacarenaLuzB.com y síguela en las redes sociales. 💖

Macarena Luz Bianchi

Libros de Regalo

COLECCIÓN DE POESÍA I

- *Asombrosa Mamá: Un Poema de Agradecimiento*
- *Enhorabuena: Un Poema de Triunfo*
- *Feliz Aniversario: Un Poema de Afecto*
- *Feliz Cumpleaños: Un Poema de Celebración*
- *Feliz Graduación: Un Poema de Logros*
- *Intimidad: Un Poema de Adoración*
- *La Amistad: Un Poema de Apreciación*
- *La Gratitud Es: Un Poema de Empoderamiento*
- *Mejórate Pronto: Un Poema de Acompañamiento*
- *Querido Papá: Un Poema de Admiración*
- *Ser Extraordinario: Un Poema de Autoestima*
- *Simpatía: Un Poema de Consuelo*
- *Valentín: Un Poema de Amor*

También disponibles para niños y adolescentes.
Versión en inglés: Gift Book Series.

www.ingramcontent.com/pod-product-compliance
Lightning Source LLC
Chambersburg PA
CBHW042335030426